Stefan Elfgen

Supply Chain Management - Überblick über das Konzept und

Stefan Elfgen

Supply Chain Management - Überblick über das Konzept und seine Ziele

GRIN Verlag

Bibliografische Information der Deutschen Nationalbibliothek: Die Deutsche Bibliothek verzeichnet diese Publikation in der Deutschen Nationalbibliografie; detaillierte bibliografische Daten sind im Internet über http://dnb.d-nb.de/ abrufbar.

1. Auflage 2001
Copyright © 2001 GRIN Verlag
http://www.grin.com/
Druck und Bindung: Books on Demand GmbH, Norderstedt Germany
ISBN 978-3-638-69242-7

Supply Chain Management

Prüfungsvorleistung

vorgelegt von

Stefan Elfgen
aus Hennef

Fachhochschule Niederrhein
Fachbereich Wirtschaft
Studiengang Betriebswirtschaftliches externes Studium mit Präsenzphase

Inhaltsverzeichnis

Abbildungsverzeichnis

1 Einführung

1.1 Das Ziel der vorliegenden Hausarbeit

Mit der vorliegenden Hausarbeit wird dem interessierten Leser zunächst ein Überblick darüber verschafft, was man unter dem Begriff Supply Chain Management versteht und welche Ziele mit diesem Konzept verfolgt werden. Über die Bedeutung des Supply Chain Management im Rahmen der Kundenorientierung sowie die Aufgaben- und Kompetenzverteilung in einer Lieferkette werden die Voraussetzungen einer erfolgreichen Umsetzung und die dabei zu bewältigenden Herausforderungen und Schwierigkeiten dargestellt. Den Schluss dieser Arbeit bildet eine Beschreibung der Softwarekomponenten, die die SAP AG zur informationstechnischen Unterstützung der Lieferkette anbietet. In der Schlussbetrachtung wird ein Eindruck dazu vermittelt, wie der derzeitige Realisierungsstand des Supply Chain Management-Konzepts in den Unternehmen aussieht.

1.2 Was ist Supply Chain Management ?

In die deutsche Sprache übersetzt bedeutet der Begriff „supply" liefern und „chain" steht für Kette. Unter Einbeziehung des Wortes Management steht Supply Chain Management demnach für „sich kümmern um die Wertschöpfungskette" oder auch für „Verwaltung der Lieferkette".

Die wissenschaftliche Auslegung geht noch weiter. Als Supply Chain bezeichnet man die Geschäftsprozesse einer Wertschöpfungskette, die zur Erzeugung und Lieferung von Produkten und Leistungen relevant sind.

Die überbetriebliche Planung und Steuerung der Informations- und Materialflüsse über die gesamte Wertschöpfungs- oder Lieferkette umfasst Lieferanten, Hersteller, Händler und Kunden. Beginnend mit dem Auftrag umfasst die Lieferkette den Bedarf an Rohstoffen, Zulieferteilen sowie Serviceleistungen bis hin zur Lieferung des Erzeugnisses an den Endkunden.

Supply Chain Management integriert den Kunden und steht für ein effizientes Management entlang der Lieferkette (Siebert, Abruf am 7.9.2000).

Als wesentlicher Erfolgsfaktor einer guten Supply Chain ist der Austausch der Informationen in Echtzeit anzusehen, damit Störungen innerhalb der Lieferkette so rasch wie möglich allen Beteiligten mitgeteilt werden. Der beispielsweise vom Maschinenausfall eines Lieferanten betroffene Hersteller hat dann die Möglichkeit, die benötigten Rohstoffe bei einem anderen Lieferanten kurzfristig zu bestellen (Siebert, Abruf am 7.9.2000).

Die von Supply Chain Management angestrebte Optimierung der inner- und überbetrieblichen Material-, Informations- und Finanzflüsse soll durch eine intensive Zusammenarbeit zwischen Lieferanten, Herstellern und Kunden erreicht werden und auf diese Weise die unterschiedlichen Geschäftsprozesse zusammenführen.

Die folgende Abbildung soll diesen Zusammenhang verdeutlichen:

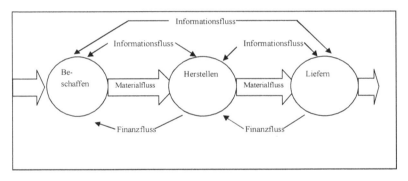

Abbildung 1: Material-, Informations- und Finanzflüsse einer Wertschöpfungskette (in Anlehnung an Knolmayer/ Mertens u. Zeier, 2000, S.2)

2 Bedeutung des Supply Chain Management für die Kundenorientierung und Verbindungen zu weiteren Managementkonzepten

Die heutige wirtschaftliche Ausgangslage der Absatzmärkte zeichnet sich vor allem durch folgende Faktoren aus:

- zunehmende Globalisierung
- Entstehen von Nischenmärkten
- kurze Produktlebenszyklen
- Produktinnovationen
- beschleunigte Technologieentwicklung

Eine schnelle Reaktion auf immer spezifischer werdende Kundenwünsche sowie individuelle und kostengünstige Lösungen für Produkte und Dienstleistungen in einer hoher Qualität sind der Schlüssel für die Zufriedenheit der Kunden. Der Endverbraucher als letztes Glied in der Wertschöpfungskette erlangt somit eine immer grössere Bedeutung für die betriebliche Entscheidungsfindung (Siebert, Abruf am 7.9.2000).

Während **Supply Chain Management (SCM)** vor allem die Optimierung der Abläufe in einer Wertschöpfungskette über alle an der Leistungserstellung beteiligten Unternehmen vom Lieferanten bis zum Endverbraucher in den Vordergrund stellt und mit einer besseren Abstimmung der einzelnen Aktivitäten der an der Wertschöpfung beteiligten Unternehmen sowie schnellerem Bereitstellen von Informationen für die relevanten Stellen versucht, eine vorherrschende Wettbewerbsposition gegenüber konkurrierenden Unternehmen bzw. konkurrierenden Lieferketten aufzubauen, stellen **Time Based Management (TBM)** den Faktor Zeit und **Total Quality Management (TQM)** die Sicherung der Qualität in den Vordergrund.

Alle drei Konzepte haben eine herausragende Gemeinsamkeit: Sie stellen den Kunden bzw. den Absatzmarkt in den Mittelpunkt der Aktivitäten. Zur Realisierung dieser Kundenorientierung in der Praxis ist es notwendig, dass alle Mitarbeiter eines Unternehmens vom Geschäftsführer bis zum Sachbearbeiter die Ausrichtung auf die Kundenbedürfnisse in den Vordergrund stellen.

Nur wenn Führungskräfte und Leistungsträger eines Unternehmens diese Kundenorientierung vorleben und von ihr überzeugt sind, wird die Umsetzung Erfolg haben (Orths, 1995, S.1-2).

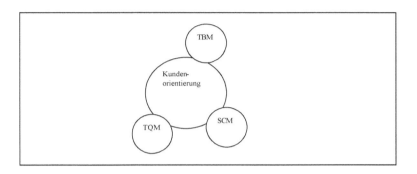

Abbildung 2: Kundenorientierung (in Anlehnung an Orths, 1995, S.2)

Im folgenden werden die beiden Begriffe **Time Based Management** und **Total Quality Management** kurz erläutert.

2.1 Time Based Management

Dieses Managementkonzept stellt den Faktor **Zeit** in den Vordergrund und richtet sich nach folgendem Leitspruch: „**Alles, was wir tun, machen wir nur einmal, schnell und beim ersten Mal richtig**" (Orths, 1995, S.4). Einer termingerechten Erledigung des Kundenauftrages wird eine hohe Bedeutung beigemessen.

Im Zuge von immer kürzer werdenden Produktlebenszyklen und damit verbundenen Produktinnovationen, können nur solche Unternehmen ihre Position am Markt stärken, die schnell auf veränderte Marktbedürfnisse reagieren. Das gleiche gilt für die Lieferzeiten: Je kürzer diese sind, desto besser sind die Chancen am Absatzmarkt. Kurze Durchlaufzeiten und damit verbundene Schnelligkeit sowie Flexibilität durch ein frühes Einbinden von Lieferanten in den Entwicklungsprozess führen zu lebenswichtigen Kosten- und Wettbewerbsvorteilen in Zeiten immer härter werdenden Konkurrenzdrucks (Orths, 1995, S.4-7).

2.2 Total Quality Management

Die Philosophie von Total Quality Management zielt darauf ab, dass die Sicherstellung der Qualität nicht die Angelegenheit einer zentralen Stelle namens Qualitätssicherung sein darf, sondern dass es die Aufgabe aller Mitarbeiter eines Unternehmens ist, auch dem Kollegen einer anderen Abteilung oder an einer anderen Maschine eine einwandfreie Qualität zu liefern (Orths, 1995, S.8-9). Die Kundenorientierung betrifft alle internen und alle externen Beziehungen und verlangt von den Mitarbeitern sowohl eine hohe Eigenverantwortung als auch die Begeisterung, internen und externen Kunden die bestmögliche Qualität zur Verfügung zu stellen (Schmalen, 1999, S.333). Die Vermittlung der Philosophie, jeden Mitarbeiter des Unternehmens als internen Kunden zu betrachten, bedarf zum einen kompetenter und verantwortungsbewusster Mitarbeiter und zum anderen eines konsequenten Vorlebens durch die Führungskräfte eines Unternehmens (Orths, 1995, S.8-9).

3 Ziele des Supply Chain Management

Durch die bereits angesprochene zunehmende Globalisierung bei immer kürzer werdenden Produktlebenszyklen sind die Unternehmen gezwungen, immer wieder Produktinnovationen und technologische Weiterentwicklungen auf den Markt zu bringen. Gleichzeitig verlangen die Kunden eine hohe Qualität bei möglichst niedrigen Gesamtkosten.

Dies hat dazu geführt, dass die Unternehmen den Grad ihrer Fertigungstiefe immer weiter verringern. Neben Aufgaben der Fertigung werden in zunehmendem Masse auch Entwicklung und Konstruktion an externe Lieferanten ausgelagert. (Schmalen, 1999, S.326)

Der Vorteil dieses unter dem Begriff Outsourcing bekannten Vorgehens liegt darin, dass sich die an der Wertschöpfung beteiligten Unternehmen auf ihre Kernkompetenzen konzentrieren können. Je mehr Betriebe in die Lieferkette integriert sind, desto mehr Schnittstellen bestehen aber auch und desto mehr Koordinationsbedarf entsteht.

Eine ganzheitliche Betrachtung der Geschäftsprozesse in Bezug auf Planung und Steuerung der Material- und Informationsflüsse innerhalb einer Supply Chain bekommt daher eine entscheidende Bedeutung.

Ziel des Supply Chain Managements ist, durch eine sinnvolle Koordination der überbetrieblichen Material- und Informationsflüsse Verschwendungen und Ineffizienzen entlang der Wertschöpfungskette zu vermeiden. „**The integration of all key business processes across the supply chain is what we are calling supply chain management**" (Knolmayer/ Mertens/Zeier, 2000, S.1-2).

Eine vertrauensvolle Zusammenarbeit im Rahmen einer strategischen Partnerschaft zwischen Hersteller und Lieferant soll letztendlich den Kundennutzen erhöhen (Orths, 1995, S.10).

Eine Unternehmensstrategie, die ein effizientes Supply Chain Management verfolgt, wird sich folgende Ziele setzen:

- Kostenreduzierung im Unternehmen des Herstellers und des Lieferanten
- Vermeidung von Parallelarbeiten
- Verbesserung der Planungsqualität
- Erhöhung der Liefertreue
- Verkürzung der Transport- bzw. Lieferzeiten
- Transparenz in der Auftragsabwicklung
- Reduzierung von Liegezeiten
- Durchgängige Informationen
- integrierte Datenbestände
- Verknüpfung von e-commerce, Warenwirtschaft und Logistik
- Implementierung von kundenorientierten Prozessen
- Schnelle Reaktion auf Bedarfsschwankungen
- Optimierung der Lieferantenanzahl
- Reduzierung von Lagerbeständen bzgl. Wert, Anzahl der Positionen und Lagervolumen
- Erhöhung der Wertschöpfung in allen relevanten Prozessen

(ERBEE, Abruf am 7.9.2000/IPO GmbH, Abruf am 7.9.2000 und Orths, 1995, S.50-51)

Letztendlich werden solche Wertschöpfungsketten erfolgreich sein, in denen alle Partner von der Zusammenarbeit profitieren und in denen Schnittstellen zu „Nahtstellen" werden.

4 Aufgaben des Supply Chain Management und Teambildung

Die Kernaufgabe des Supply Chain Managements liegt in der Synchronisierung der Logistikprozesse innerhalb eines Unternehmens zwischen Lägern und Produktionsstandorten sowie unternehmensübergreifend zwischen den einzelnen, an der Versorgungskette beteiligten Unternehmen (Schumann, 1999, S.4). Diese unternehmensübergreifende Koordination der Material- und Informationsflüsse über den gesamten Wertschöpfungsprozess von der Rohstoffgewinnung über die einzelnen Transformationsstufen bis hin zum Endverbraucher ist eine Aufgabe, die über die bisherigen Funktionen des Einkaufs weit hinausgeht.

Aus diesem Grund werden zur Bewältigung der komplexen Aufgabenstellungen sowohl operative als auch strategische Teams gebildet, die sich aus Mitarbeitern der verschiedenen betriebswirtschaftlichen Funktionsbereiche zusammensetzen. Dies werden insbesondere Mitarbeiter aus dem Einkauf bzw. der Beschaffung, aus Technik und Entwicklung sowie aus der Fertigung sein. Das Einbeziehen von Mitarbeitern aus den Bereichen Vertrieb, Organisation oder Kostenrechnung ist ebenfalls empfehlenswert. Zusätzlich sollten Vertreter des Lieferanten frühzeitig in die Teams integriert werden, um die überbetriebliche Kommunikation zu gewährleisten (Orths, 1995, S.49-50).

Die Aufgaben der operativen Teams liegen vor allem im sogenannten Tagesschäft. Hierzu gehören Fragen der Logistik, der Lagerhaltung, aber auch der Bestellabwicklung oder der Kommunikationsgestaltung zwischen Hersteller und Lieferant.

Das strategische Team kümmert sich vor allem um die Weiterentwicklung der Partnerschaft hinsichtlich der Zusammenarbeit zwischen den Unternehmen und der Überbrückung von Schnittstellen (Orths, 1995, S.62-63).

Die einzelnen Teilaufgaben, die mit dem Supply Chain Management verbunden sind, werden in der folgenden Tabelle aufgeführt:

Orientierung	Strategisch	Operativ
Betriebsintern	• Strategien zur Produkt- und Prozess- entwicklung • Strategien der Leistungserstellung • Entscheidung über Eigenfertigung oder Fremdbezug • Qualitätsmanagement	• Innerbetriebliche Logistik • Interne Qualitätssicherung • Innerbetrieblicher Transport • Innerbetriebliche Lagerung • Bestellmengen- und Losgrössen- bestimmung • Ablaufoptimierung • Innerbetriebliche IV- Systeme für Planung, Steuerung und Kontrolle des Auftragsdurchlaufs
Marktorientiert	• Entwicklung eines SCM-Leitbildes • Beschaffungs- und Vertriebsstrategien • Lieferanten- und Kundenmanagement • Distributionsstrategie • Recyclingstrategie • Aufbau eines SCM- Controlling- und Benchmarking- Systems	• Internet-Auftritt • Beschaffungs- und Absatzmarktforschung • Lieferantenbe- urteilung u. –auswahl • Absatzprognosen • Aussendienst- steuerung • Bestellabwicklung
Kooperations- orientiert	• Lieferanten- und Kunden-Strukturpolitik • Vereinbarung von SCM-Strategien mit Geschäftspartnern • Rechtliche Ausgestaltung der Kooperationen • Gemeinsame Suche nach besseren Geschäftsprozessen	• Bewältigung der organisatorischen und systemtechnischen Schnittstellen • Kommunikationsge- staltung zu Geschäftspartnern unter besonderer Berücksichtigung der IV-Systeme

(Knolmayer, Mertens u. Zeier, 2000, S.5)

5 Kernthemen des Supply Chain Management

5.1 Voraussetzungen

Ein neues Rollenverständnis aller an einer Lieferkette beteiligten Unternehmen ist die wesentliche Vorbedingung für eine erfolgreiche Umsetzung des Supply Chain Management (Siebert, Abruf am 7.9.2000).

Die vertrauensvolle Zusammenarbeit innerhalb der strategischen Partnerschaft steht im Vordergrund. Da strategische Partnerschaften sehr zeitintensiv sind, kann ein Unternehmen Supply Chain Management auch nicht mit einer Vielzahl von Lieferanten betreiben. Vor diesem Hintergrund ist eine Optimierung der Lieferantenanzahl notwendig.

Eine Verteilung des Einkaufvolumens auf zu viele Bezugsquellen erhöht auch nicht unbedingt die Versorgungssicherheit. Eine Verringerung des Interesses der betroffenen Lieferanten ist eher die Folge.

Die Auswahl geeigneter Lieferanten erhält somit eine hohe Bedeutung. Die Zusammenarbeit mit einer Fülle von Lieferanten, die zueinander in Konkurrenz stehen, ist nicht möglich. Daher ist es notwendig, sich für jede Materialgruppe auf den optimalen Lieferanten zu konzentrieren. Die Einbeziehung geeigneter Lieferanten in die internen Unternehmensabläufe hat nichts mehr zu tun mit der Ab- und Ausgrenzungs-Politik, die in der Vergangenheit häufig von den Unternehmen im Umgang mit den Lieferanten praktiziert wurde (Orths, 1995, S.10-12).

Wie wichtig es ist, Informationen so früh wie möglich allen relevanten Stellen in einer Versorgungskette zur Verfügung zu stellen, zeigt sich am sogenannten **„Bullwhip-Effekt"** (Peitschen-Effekt): Schon geringe Abweichungen des tatsächlichen vom geplanten Bedarf beim Endkunden schaukeln sich innerhalb der Lieferkette auf und haben hohe Abweichungen und damit eine schlechte Planbarkeit der Produktions- und Logistiksysteme in den vorgelagerten Wertschöpfungsstufen zur Folge.

Als Ursache für diesen Peitschen-Effekt gelten folgende Gründe:

- Änderungen in den Bedarfsprognosen
- Die Zusammenfassung von Bedarfen zu optimalen Bestellmengen zur Reduzierung von Bestell- und Lagerhaltungskosten
- Preisfluktuationen
- Lieferkürzungen bei unerfüllbarer Nachfrage und Reaktionen der Kunden auf diese Lieferantenpolitik
  (Knolmayer, Mertens u. Zeier, 2000, S.6-7)

5.2 Aufgaben und Kompetenzen innerhalb der Supply Chain

Die Zusammenarbeit innerhalb der Versorgungskette kann verschiedene Ausprägungen haben, die entweder einzeln oder auch kombiniert vorkommen:

- Koordination von Beschaffungs- und Transportstrategien
- Zuordnung von Lagern und Distributionsstätten entlang der Lieferkette
- Einbeziehung von Lieferanten und Kunden in den Planungsprozess
- Gemeinsame Strategien zur Auslagerung von Funktionen (Outsourcing)
- Lieferterminzusagen unter Berücksichtigung aller Material- und Kapazitätsverfügbarkeiten sowie aller Lager
- Zentralisierung von teurem Spezialwissen
(Knolmayer, Mertens u. Zeier, 2000, S.7)

Die Frage, ob bestimmte Produkte oder Leistungen im eigenen Unternehmen erzeugt oder von aussen bezogen werden („Make or Buy"), ist von strategischer Bedeutung. Oftmals wird die Entscheidung von kurzfristigen Auswirkungen auf Kosten oder Finanzströme geprägt. Outsourcing beinhaltet die Möglichkeit, kurzfristige Kapazitätsengpässe durch Auslagerung von Aktivitäten zu überwinden.

Beispielsweise lassen viele mittelgrosse Unternehmen ihre innerbetrieblichen Enterprise-Resource-Planning- (ERP-)Anwendungen durch Dritte betreuen. ERP-Systeme beinhalten betriebswirtschaftliche Funktionen für die

verschiedensten Teilbereiche, wie z.B. Beschaffung, Produktion oder Vertrieb. Die Bedeutung der Nutzung fremdbetriebener Software wird künftig über das Internet zunehmen (Knolmayer, Mertens u. Zeier, 2000, S.8).

Mit Outsourcing und der damit verbundenen Reduzierung vertikaler Integration beschränken sich Unternehmen auf ihre Kernkompetenzen. Ob eine Leistung selbst erzeugt oder hinzu gekauft wird, hängt von verschiedenen Einflussfaktoren ab. Die letztendliche Entscheidung kann unter anderem mit Hilfe folgender Fragestellungen ermittelt werden:

- Kann die Versorgung des Unternehmens und damit die Befriedigung des Kundenwunsches mit Fremdbezug besser gesichert werden als bei Eigenfertigung ?
- Sind zur Aufrechterhaltung oder zur Erreichung der erforderlichen Produktionskapazitäten Investitionen erforderlich ?
- Welche Entscheidung führt zu grösseren Risiken: „make" oder „buy" ?

(Orths, 1995, S.42)

Der Fremdbezug operativer Leistungen (z.B. im Bereich der Personalbeschaffung) wird schon seit längerer Zeit vorgenommen. Strategische Aufgaben hingegen schienen nicht auslagerungsfähig. Die Unternehmen wollten sich schliesslich nicht zu weit „in die Karten" schauen lassen. Die Tendenz geht allerdings auch hier zum Outsourcing.

Entwicklungsarbeiten werden immer häufiger an externe Spezialisten vergeben. Dies liegt unter anderem darin, dass mittelgrosse Betriebe im Verhältnis zu Grossunternehmen häufig eine grössere Innovationskraft und eine stärkere Flexibilität aufweisen. Als Alternative zum Outsourcing bilden Unternehmen für die Entwicklungsaufgaben Kooperationen mit Geschäftspartnern oder strategische Allianzen.

Durch Supply Chain Management stehen nicht mehr einzelne Betriebe im Wettbewerb, sondern verschiedene Wertschöpfungsketten. Daher ist die Frage zu diskutieren, welcher Einheit innerhalb der Supply Chain die Kernkompetenz für eine Teilfunktion zuzuschreiben ist. In Betracht kommen:

- Kernkompetenzen innerhalb des betrachteten Unternehmens
- Kernkompetenzen innerhalb der Lieferkette; dies beinhaltet die Auslagerung aus dem betrachteten Unternehmen an ein Partnerunternehmen in der Logistikkette
- Outsourcing an ein nicht in die Supply Chain integriertes Unternehmen

Eine weitere Form der Zusammenarbeit innerhalb der Lieferkette kann darin bestehen, dass sich die Betriebe Zugang zu einem Teil der Informationen der Partnerunternehmen verschaffen. Entweder werden Zugriffe auf vorhandene Informationsverarbeitungs-Systeme gewährt oder es werden neue IV-Systeme gemeinsam entwickelt und genutzt.

Um historisch gewachsene und damit schwer zu integrierende IV-Systeme zu verbinden, werden sogenannte Business Information Warehouses eingesetzt. Das Ziel ist die Realisation eines übergreifenden Informationsaustausches zwischen heterogenen Systemarchitekturen.

Daten der an der Lieferkette beteiligten Unternehmen werden in aggregierter Form in den Business Information Warehouses gespeichert. Um die Datenbestände der einzelnen ERP-Systeme in die Warehouses übertragen zu können, müssen sich die kooperierenden Organisationseinheiten auf ein gemeinsames Datenmodell einigen (Knolmayer, Mertens u. Zeier, 2000, S.8-9).

6   Herausforderungen des Supply Chain Management

Die Entscheidungen in einer Lieferkette werden durch eine Fülle von Parametern gesteuert. Diese Kette besteht aus verschiedenen Unternehmen, die miteinander verbunden sind. Durch sich wandelnde Kundenbedürfnisse und durch Veränderungen in den Partnerunternehmen birgt die gesamte Supply Chain eine hohe Dynamik in sich. Die Entscheidungsfindung wird aufgrund der Vielzahl der beteiligten Unternehmen und der dadurch bedingten Verbindungen durch Komplexität und Intransparenz erschwert (Scholz-Reiter,B/Jakobza,J, 1999, S.9).

6.1   Schnittstellen

Schnittstellen entstehen durch Arbeitsteilung. Über das optimale Ausmass an Arbeitsteilung herrschen unterschiedliche Meinungen. Zum einen hilft Arbeitsteilung durch die Funktionsorientierung, Aufgaben konstengünstig auszuführen. Dies wird vor allem durch ein hohes Mass an Spezialisierung erreicht. Zum anderen entstehen durch Arbeitsteilung zwischen den Funktionsbereichen oder den kooperierenden Unternehmen organisatorische und systemtechnische Schnittstellen, die den Material-, Informations- und Finanzfluss unterbrechen und damit Kosten verursachen. Schnittstellen bergen die Gefahr von Unwirtschaftlichkeit und Redundanzen und bedürfen vielfältiger Abstimmungen der einzelnen Prozesse.

Die Schnittstellen zwischen Geschäftspartnern beinhalten in einem noch viel grösseren Masse Rationalisierungspotenzial in der Prozessgestaltung als die Abläufe innerhalb eines Unternehmens. Die Beschränkung auf die Kernkompetenzen des Unternehmens steht im Widerspruch zur innerbetrieblichen Reduzierung der Spezialisierung und der damit verbundenen Schnittstellen.

Die Tendenz geht dahin, die innerbetrieblichen Schnittstellen zu verringern und dafür externe Organisationen in die Abläufe einzuflechten. Im Rahmen des Supply Chain Management ist dieses Vorgehen sinnvoll, wenn eine stärkere Nutzung der informationstechnischen Potenziale zu einer besseren überbetrieblichen Zusammenarbeit führt (Knolmayer, Mertens u. Zeier, 2000, S.9-10).

6.2   Komplexität

Die Komplexität einer Versorgungskette resultiert aus der Fülle der einzelnen internen und externen Organisationseinheiten und deren Verbindungen. Entscheidungsgrundlage sind in den meisten Fällen nicht einzelne, sondern viele verschiedene Informationen. Ebenfalls haben Entscheidungen in der Regel nicht nur Einfluss auf einen nachfolgenden Faktor, sondern auf mehrere. Entscheidungen dürfen nicht auf der Basis einzelner Aspekte getroffen werden, sondern bedürfen einer globalen Betrachtung, weil die Möglichkeit besteht, dass nachgelagerte Elemente entgegengesetzt von der Entscheidung beeinflusst werden. Je vernetzter die einzelnen Organisationseinheiten innerhalb der Lieferkette sind, desto komplexer wird diese (Scholz-Reiter,B/Jakobza,J, 1999, S.9-10).

Die Bewältigung der Komplexität in der inner- und überbetrieblichen Zusammenarbeit durch Implementierung umfassender Planungs- und Steuerungssysteme und/oder durch Reduktion der Komplexität des Realsystems ist ein zentrales Ziel des Supply Chain Management.

Das Streben nach sogenannten Win-Win-Situationen bemüht sich um Verhältnisse, in denen alle Partner der Supply Chain Vorteile erlangen, und nicht einzelne Betriebe ihre Kosten zu Ungunsten anderer reduzieren (Knolmayer/ Mertens/Zeier, 2000, S.11).

Die folgende Tabelle zeigt Ansätze zur Komplexitätsreduktion durch Supply Chain Management:

Harmonisierung/Standardisierung/Rationalisierung	Unterstützung der Supply Chain durch neue Kommunikationstechnologien	Prüfung von Aktivitäten mit niedrigem Mehrwert
• Fokussierung des Marktauftritts • Reduktion der Anzahl der Lagerorte • Systemintegration • Integrierte Produkt- und Prozessentwicklung • Verringerung der Lieferantenzahl • Enge Zusammenarbeit mit Lieferanten	• Nutzung von Electronic Data Interchange (EDI), Internet und Intranet • Elektronische Zahlungsübermittlung • Online Trading • Zentralisierung der Transaktionsverarbeitung • Elektronische Produktkataloge • Direkter Einkauf durch Fachbereichsmitarbeiter • Efficient Consumer Response[1]	• Outsourcing von Arbeiten, die nicht zum Kerngeschäft zählen • Zertifizierungsprogramme • Vendor Managed Inventory[2]

(Knolmayer/ Mertens/Zeier, 2000, S.12)

6.3 Intransparenz

Die einzelnen Prozesselemente, die Ziele der Unternehmen und die Zusammenhänge zwischen den Organisationseinheiten können niemals vollständig in einem Lieferkettenmodell abgebildet werden. Hieraus ergibt sich die Intransparenz der Lieferkette.

Häufig sind gar nicht alle Einflussgrössen eines Prozesses bekannt oder sie lassen sich nicht konkretisieren. Die Prozessmodellierung gestaltet sich zusätzlich als schwierig, weil nicht alle Ziele vollständig formuliert werden und weil Zusammenhänge nicht immer eindeutig zuzuordnen sind.

---

[1] Efficient Consumer Response ist eine Ausprägung des Supply Chain Managements, die darauf aus ist, den Kunden in allen Bereichen der Angebots- u. Produktnachfrage zufriedenzustellen.
[2] Bei Vendor Managed Inventory übernimmt der Lieferant die Verantwortung für die Lagerbestände des betrachteten Unternehmens.

Die Intransparenz in der Versorgungskette wird zusätzlich erhöht, wenn den Unternehmen das Vertrauen in eine überbetriebliche kooperative Zusammenarbeit fehlt. Die Betriebe werden dann versuchen, den Machteinfluss des Geschäftspartners nicht zu gross werden zu lassen.

Fehlendes Vertrauen und wenig Offenheit gegenüber den Partnern ist auch der Grund, warum Supply Chain Management bislang eher innerhalb von Konzernen, in denen die Schwester- oder Tochterunternehmen unter einheitlicher Führung stehen, erfolgreich umgesetzt wurde (Scholz-Reiter,B/Jakobza,J, 1999, S.10).

6.4 Dynamik

Die Dynamik innerhalb der Lieferkette ergibt sich vor allem durch zwei Aspekte:

Supply Chain Management verlangt die Integration des Kunden in die Versorgungskette. Sich ändernde Kundenbedarfe können zum einen eine Veränderung der Produkteigenschaften bedingen und zum anderen durch den Bedarf an neuen Zulieferprodukten das Einbeziehen von neuen Unternehmen in die Lieferkette notwendig machen.
Der zweite Aspekt ergibt sich daraus, dass die Prozesse in der Supply Chain ständig optimiert werden müssen. Hierdurch werden Veränderungen bei der Anordnung der einzelnen Teilelemente und deren gegenseitiger Verbindungen notwendig.

Abschliessend bleibt festzuhalten, dass trotz der dargestellten Problemfelder Komplexität und damit verbundener Intransparenz und Dynamik diejenigen Unternehmen erfolgreich sein werden, die sich den technischen und organisatorischen Herausforderungen gestellt und Supply Chain Management umgesetzt haben (Scholz-Reiter,B/Jakobza,J, 1999, S.10).

7 Die Zusammenarbeit in der Supply Chain

Um eine stabile und wirtschaftlich erfolgreiche Zusammenarbeit innerhalb der Lieferkette zu erreichen, bedarf es einer vertrauensvollen Kooperation zwischen den in den einzelnen Unternehmen eingeschalteten Mitarbeitern. Mangelndes Vertrauen gilt als Hauptursache, warum die Umsetzung der Supply Chain Management-Konzepte in der Praxis den theoretischen Ansätzen noch hinterher hinkt. Wenn die Zusammenarbeit innerhalb einer Versorgungskette eine langfristige Perspektive hat, verringert sich die Gefahr, dass „Geschäftspartner" ihnen bereitgestellte Informationen nutzen, um sich Vorteile gegenüber den Partnerunternehmen in der Lieferkette zu verschaffen.

Im Rahmen der Zusammenarbeit in der Supply Chain wird versucht, den Informationsfluss durchgängiger zu machen und Medienbrüche zu vermeiden. Prozessanalysen können dazu führen, dass bestimmte betriebliche Funktionen eingespart oder einer anderen Einheit der Lieferkette zugeordnet werden. Beispielsweise wird man versuchen, die Qualitätsprüfungen ausschliesslich beim Lieferanten anzusiedeln und nicht noch zusätzlich vom beschaffenden Betrieb durchführen zu lassen.

Während sich bislang häufig die Bereitstellung von Informationen auf den Datenaustausch via Electronic Data Interchange (EDI) beschränkte, besteht im Rahmen des Supply Chain Management die Möglichkeit der Einsichtnahme in Daten der Geschäftspartner. Relevante Informationen bzgl. Bedarfsvorhersagen, Beständen oder der Auftragsverfolgung führen zu einer besseren Planbarkeit der Aktivitäten.

Neben dem Informationsaustausch werden koordinierte und abgestimmte Entscheidungen angestrebt. Wenn die Geschäftsabläufe ohne Supply Chain Management nur mit ERP-Systemen geplant werden, können auch nur lokale Verbesserungen, aber keine Auswirkungen für die Supply Chain erzielt werden.

Aus Gründen der Einfachheit startet die Zusammenarbeit in einer Versorgungskette häufig zunächst zwischen Unternehmen eines Konzerns. (Knolmayer/ Mertens/Zeier, 2000, S.13-15)

8 Formen des Supply Chain Management

Die Supply Chain Management-Konzepte kennen drei unterschiedliche Organisationsebenen:

8.1 Zusammenarbeit zwischen verschiedenen Konzernunternehmungen

Vor allem in multinationalen Konzernen ist beispielsweise die Nutzung der Vorräte von Schwester- oder Tochterunternehmen schwierig, wenn keine zeitnahen Bestandsinformationen vorliegen, weil die Daten nur dezentral verfügbar sind. Solche unbefriedigenden Ausgangssituationen führen in einigen Unternehmen dazu, Bestandsinformationen zentral zu verwalten und dezentral abrufbar zu machen.

8.2 Zusammenarbeit zwischen zwei Unternehmen in benachbarten Positionen der logistischen Kette

Die in einer Wertschöpfungskette benachbarten Unternehmen kommunizieren mit Hilfe ihrer Informationsverarbeitungs-Systeme in beschränktem Masse auch über die Unternehmensgrenzen hinweg. Branchenstandards und auch branchenübergreifende Standards erleichtern den überbetrieblichen Austausch von Daten.

Das Ziel dieser Form der Zusammenarbeit liegt darin, Daten nicht mehrfach zu erfassen und damit Redundanzen zu vermeiden sowie digital zur Verfügung stehende Daten ohne Medienbrüche weiterverarbeiten zu können.

8.3 Zusammenarbeit zwischen mehr als zwei Unternehmen

Die Zusammenarbeit zwischen verschiedenen Betrieben über mehrere Wertschöpfungsstufen hinweg erscheint langfristig am Erfolg versprechendsten. In einem Business Information Warehouse werden die für die Supply Chain relevanten Informationen gespeichert und von dort aus den Partnerunternehmen über Zugriffsrechte zur Verfügung gestellt (Knolmayer/ Mertens/Zeier, 2000, S.15-17).

9 Das Supply Chain Council

9.1 Das SCOR-Modell

Die Modellierung der Lieferkette sowie die Abbildung in einem informationstechnischen System sind die Voraussetzung für eine Unterstützung der Wertschöpfungsprozesse durch Informationstechnik. Damit die modellierten Prozesse der einzelnen Unternehmen zueinander passen, ist es wichtig, dass innerhalb der Versorgungskette einheitlich modelliert wird. Dies gilt auch für die Modellierung über einzelne Lieferketten hinweg.

Um die Kompatibilität der modellierten Prozesse zu gewährleisten, hat ein Zusammenschluss von rechtlich selbständigen Unternehmen zum Supply Chain Council ein Referenzmodell zur Darstellung von Supply Chain Management-Prozessen dargelegt.

Das Supply-Chain-Operations-Reference-Modell (SCOR-Modell) beinhaltet im wesentlichen drei Funktionen:

- Die Abbildung der realen Geschäftsprozesse durch Beschreibung der Elemente, aus denen sich die komplexen Prozesse der Lieferkette zusammensetzen
- Die Funktion Benchmarking, um einen Vergleich der Prozessleistungen zu konkurrierenden Unternehmen zu ermöglichen
- Best-Practice-Analysen, um Prozesse optimieren zu können. (Hierunter versteht man Konzepte, die den Unternehmen helfen herauszufinden, mit welchen Methoden sie ihre Ziele am besten erreichen; z.B. Efficient Consumer Response (ECR)).

Die Modellierung mit Hilfe des SCOR-Modells basiert auf den vier Einzelprozessen Planen, Beschaffen, Produzieren und Liefern in drei unterschiedlichen Detailierungsgraden (Scholz-Reiter,B/Jakobza,J, 1999, S.11-12).

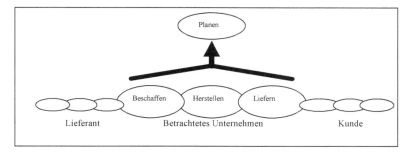

Abbildung 3: Der Zusammenhang der vier grundlegenden Managementprozesse
des SCOR-Modells innerhalb der Logistikkette
(in Anlehnung an Scholz-Reiter,B/Jakobza,J, 1999, S.12)

9.2 Nutzenpotenziale

Das Supply Chain Council sieht durch Supply Chain Management folgende Nutzenpotenziale:

- Vorhersagegenauigkeit um 25 bis 80 Prozent erhöhen
- Bestände um 25 bis 60 Prozent reduzieren
- Durchlaufzeiten um 30 bis 50 Prozent verringern
- Supply Chain-Kosten um 25 bis 50 Prozent senken
- Liefertermineinhaltung um 16 bis 28 Prozent verbessern
- Kapazitätsauslastung um 10 bis 20 Prozent erhöhen
- Produktivität um 10 bis 16 Prozent steigern

((Knolmayer/ Mertens/Zeier, 2000, S.18)

10 Mögliche Schwierigkeiten bei der Implementierung des Supply Chain Management-Konzepts

Auf dem Weg zur erfolgreichen Umsetzung des Supply Chain Management-Konzepts gilt es, eine Reihe von Problemen zu überwinden:

- Das Einbinden neuer innovativer Lieferanten in die Supply Chain könnte sich durch die Fülle der notwendigen Abstimmungen in einer Versorgungskette und den damit verbundenen Kosten als sehr schwierig gestalten. Die Folge wäre eine eher starre Supply Chain, die für die Integration neuer Partnerunternehmen nicht offen genug ist.

- Die systemtechnischen Anforderungen, die von grösseren Partnerunternehmen der Lieferkette an kleinere Unternehmen gestellt werden, könnten diese überfordern.

- Das individuelle Optimum eines Betriebes muss nicht zwangsläufig mit dem Gesamtoptimum in der logistischen Kette übereinstimmen. Es kann zu Zielkonflikten kommen. Überproportionale Gewinne können unterproportionalen Gewinnen oder gar Schlechterstellungen gegenüber stehen.

- Die Abbildung und Pflege der wechselseitigen Beziehungen einer Lieferkette in Form von Modellen in informationstechnischen Systemen erfordert einen hohen Aufwand.

- Es stellt sich die Frage, ob die Standardsoftware für Supply Chain Management hinreichend neutral gestaltet werden kann, so dass sie den Anforderungen unterschiedlicher Branchen gerecht wird.

- Die Implementierung von Supply Chain Management-Systemen bedingt die Koordination der Abläufe über die eigenen Unternehmensgrenzen hinweg. In einem Unternehmen auftretende Schwierigkeiten beeinflussen dann auch die Projektpläne der Partnerunternehmen.

(Knolmayer/ Mertens/Zeier, 2000, S.19-20)

11 Unterstützung des Supply Chain Management durch Informationstechnik

11.1 Allgemeines

Die Realisierung des Supply Chain Management erlangt durch die neuen Rechnergenerationen und die Internet-Technologie völlig neue Möglichkeiten. Die aktuellen Rechner erlauben ohne lange Schreib-/Lesezugriffe auf die Festplatte die Verarbeitung grosser Mengen von Informationen bereits im Arbeitsspeicher.

Eine rasche Reaktion auf sich verändernde Entscheidungsparameter wird durch ein schnelles Durchlaufen der Entscheidungsalternativen möglich. Zusätzliche Chancen ergeben sich aus der Internet-Technologie, die den digitalen Datenaustausch mit nahezu allen Rechnern auf der Welt erlaubt, die einen Internet-Anschluss besitzen (Schumann, 1999, S.4-5).

11.2 Supply Chain Management-Systeme

Die Informationssysteme, die Supply Chain Management unterstützen, können in zwei unterschiedliche Bereiche eingeteilt werden. Man differenziert zwischen Software zum Supply Chain Planning (SCP) und zur Supply Chain Execution (SCE).

SCP-Systeme beinhalten Funktionalitäten zur inner- und überbetrieblichen Steuerung und Planung der Materialflüsse innerhalb der Lieferkette. Das Erschliessen globaler Kostenoptimierungspotenziale und Bestandsoptimierungen sind das Hauptanliegen dieser Systeme.

SCE-Systeme dienen der Datenverwaltung und der Kommunikations- unterstützung. Neben der Bewältigung grosser Datenmengen und der bedarfsgerechten Bereitstellung für die Partnerunternehmen der Lieferkette haben SCE-Systeme die Realisierung kurzer Bereitstellungs- und Reaktionszeiten für Informationen zum Ziel (Scholz-Reiter,B/Jakobza,J, 1999, S.13-14).

11.3 Die Supply Chain Management-Initiative der SAP AG

Die SAP AG stellt ihre Lösung zum Supply Chain Management über ein benutzerorientiertes Internet-Portal mit der Web-Adresse www.mySap.com zur Verfügung. Somit schafft die SAP AG dem betrachteten Unternehmen und seinen Logistikpartnern die Voraussetzungen für den Austausch geschäftsrelevanter Daten zu Aufträgen und Beständen, Absatzprognosen oder Produktionsplänen. Die Internetplattform soll helfen, die Barrieren zwischen den Geschäftspartnern einer Versorgungskette zu beseitigen und die Unternehmen in die Lage zu versetzen, die kundenspezifischen Bedürfnisse effizient zu erfüllen.

Die Supply Chain Management-Initiative der SAP AG besteht aus den drei Bereichen Advanced Planner and Optimizer (APO), Business-to-Business Procurement (B2B) und dem Logistics Execution System (LES).
Die Supply Chain Management-Lösung mit mySAP.com stellt ein umfassendes Instrument zur Integration von Daten und Entscheidungen aus der gesamten Lieferkette in eine automatisierte Informationsinfrastruktur bereit (Travnicek, Abruf am 7.9.2000).

Die drei Komponenten SAP APO, B2B und LES werden im folgenden Abschnitt kurz erläutert:

11.3.1 Advanced Planner and Optimizer (APO)

Der APO beinhaltet Funktionen zur inner- und überbetrieblichen Planung sowie zur Steuerung und Kontrolle von Abläufen in einer Logistikkette. Die einzelnen Komponenten werden über mehrere integrierte Module abgedeckt, die eine gemeinsame Datenbasis zur Grundlage haben:

- Supply Chain Cockpit: Grafische Oberfläche zum Modellieren, Darstellen, Planen und Steuern der Lieferkette
- Demand Planning: Bedarfsplanung mit Hilfe verschiedener statistischer Methoden

- Supply Network Planning: Planung der Mengenverteilung im gesamten Beschaffungs-, Produktions- und Verteilungsnetz vom Lieferanten über den Produzenten, den Distributionszentren bis zum Kunden
- Deployment and Transport Load Builder: Werkzeug zum Planen des Distributionsnetzes und zur optimalen Nutzung der Transportmittel
- Production Planning: Optimierungstechniken zur kurzfristigen Material- und Fertigungsplanung unter Berücksichtigung von Kapazitätsbeschränkungen
- Detailed Scheduling: Zuordnung von Produktionsressourcen und Reihenfolgeplanung
- Available to Promise: Ermittlung oder Überprüfung eines Liefertermins auf Basis von vorhandenen Beständen und geplanten Produktionen (Knolmayer/ Mertens/Zeier, 2000, S.105-106)

11.3.2 Business-to-Business Procurement (B2B)

Die von der SAP AG entwickelte Beschaffungslösung B2B-Procurement offeriert Unternehmen die Möglichkeit, die Beschaffung von Waren und Dienstleistungen elektronisch zu unterstützen und sie in den Gesamtfluss von Gütern, Informationen und Finanzen zu integrieren (Knolmayer/ Mertens/Zeier, 2000, S.135).

Wesentliche Komponenten sind dabei das Zugänglichmachen der Beschaffungsprozesse für sämtliche – auch gelegentliche – Benutzer über eine einfache Web-Oberfläche sowie der Einsatz von Katalogen zur effizienten Handhabung von Produktinformationen (Bussiek/Stotz, 1999, S.35).

Business-to-Business Procurement wurde vor allem für den Einkauf von Materialien entwickelt, die im gesamten Wertschöpfungsprozess einen relativ geringen Wert haben (C-Teile).

Dadurch, dass die operativen Arbeiten auf die einzelnen Mitarbeiter verlagert werden, kann sich die Einkaufsabteilung besser auf die strategischen Entscheidungen (z.B. Lieferantenauswahl) fokussieren. Auf der Basis der

Internet-Technologie ermöglicht B2B-Procurement Interaktionen zwischen dem Einkäufer und dem Anbieter.

Eine weitere wichtige Komponente von B2B-Procurement ist die flexible Anbindung von Katalogen. Der direkte Zugriff auf die Kataloge der Anbieter macht die B2B-Interaktion zwischen Interessent und Kataloganbieter möglich. (Knolmayer/ Mertens/Zeier, 2000, S.135-138).

11.3.3 Logistics Execution System (LES)

Das Logistics Execution System unterstützt eine wirtschaftliche Lagerhaltung und Verteilung der Güter mit dem Warehouse Management System (WMS) und dem Transport Management System (TMS).

Das Warehouse Management System beinhaltet unter anderem folgende Funktionalitäten:

- Verwaltung von Lagerstrukturen und Lagereinrichtungen
- Übersicht über Lagerbewegungen
- Management der den Wareneingang und Warenausgang begleitenden Aktivitäten

Das Transport Management System befasst sich mit der Tourenplanung und dem Transportkostenmanagement. Unter anderem stehen folgende Funktionen zur Verfügung:

- Versandterminierung und Routenplanung
- Frachtkostenberechnung
- Transportabwicklung und Transportüberwachung

(Knolmayer/ Mertens/Zeier, 2000, S.139-140)

12 Die Schlussbetrachtung

Die Vergangenheit des Einkaufs und der Beschaffung wurden vorwiegend von operativem Handeln und von geschicktem Taktieren geprägt. Zur Deckung der Bedürfnisse wurden mehrere - möglichst austauschbare – Lieferanten angestrebt. Diese auf kurzfristige Ziele ausgelegte Vorgehensweise wird den Anforderungen der Gegenwart und erst recht der Zukunft nicht mehr gerecht. Strategische Ansätze sind für das Erreichen gemeinsamer Ziele notwendig. Eine langfristige Zusammenarbeit zwischen den Partnerunternehmen einer Lieferkette, Versorgungssicherheit und zufriedene Kunden sind die Eckpfeiler des Erfolgs (Orths, 1995, S.95).

In den meisten Unternehmen, die sich am Supply Chain Management orientieren, wird zunächst nur ein Bereich des Konzepts umgesetzt, die integrierte Material- und Kapazitätsplanung. Die Aktivitäten sind noch häufig auf die Koordination der Abläufe innerhalb eines Unternehmens ausgerichtet. Ausgehend von der internen Versorgungskette müssen die Prozesse dann auch über die Unternehmensgrenzen hinweg betrachtet werden (Bothe, 1999, S.77).

Um die Rationalisierungspotenziale und die Optimierungsmöglichkeiten einer systematischen Abstimmung in der Lieferkette nutzen zu können, spielen die Entwicklungen im Bereich des Internets und neuer Rechnersysteme eine immer grössere Rolle. Immer leistungsfähigere maschinelle Hilfsmittel und optimierte mathematische Dispositions- und Planungshilfen sorgen dafür, den Gesamtüberblick zu bewahren und alle Dispositionsobjekte mit der gleichen Sorgfalt betrachten zu können, auch wenn eine grosse Anzahl von Interdependenzen besteht.

Es bleibt festzuhalten, dass der Schwerpunkt der Aktivitäten zur Zeit noch in der Neuorganisation der Strukturen und Prozesse innerhalb eines Unternehmens bzw. eines Konzerns liegt.
Noch ist in vielen Fällen nicht erkennbar, dass echte „Extended Enterprises" (ausgedehnte Unternehmen) entstehen. Eine Prognose, wie rasch die Entwicklung des Supply Chain Management voranschreiten wird, ist derzeit noch nicht möglich (Knolmayer/ Mertens/Zeier, 2000, S.186-187).

Outsourcing innerhalb einer Wertschöpfungskette und die damit verbundene Konzentration auf die eigenen Kernkompetenzen führt in der Regel zu weniger Schnittstellen im eigenen Unternehmen. Im Gegenzug entstehen aber mehr und schwieriger zu überwindende Schnittstellen zwischen den Partnerunternehmen. Nach meiner eigenen Einschätzung ist dieser Umstand einer der Gründe, warum sich das Supply Chain Management bislang noch nicht in vollem Umfang durchgesetzt hat. Nach meiner persönlichen Einschätzung wird das Internet mit seiner fortschreitenden Entwicklung helfen, die Schnittstellen zwischen den Partnerunternehmen effizient zu gestalten. Die Bedeutung des Supply Chain Management wird dadurch in der Zukunft noch grösser werden.

Literaturverzeichnis

I.Bücher

Knolmayer,G.;Mertens,P.;Zeier,A.: Supply Chain Management auf Basis von SAP-Systemen, Berlin 2000.

Orths,H.: Von der Kundenorientierung zum Supply Management, Wiesbaden 1995.

Schmalen, H.: Grundlagen und Probleme der Betriebswirtschaft, 11.Auflage, Köln 1999.

II.Aufsätze und Beiträge

Bothe,M.: Supply Chain Management mit SAP APO – Erste Projekterfahrungen. In: HMD Praxis der Wirtschaftsinformatik, 36.Jahrgang, Heft 207, Heidelberg 1999.

Bussiek,T.;Stotz,A.: Optimierung der Extended Supply Chain mittels Internet-Lösungen für die Beschaffung (SAP B2B Procurement). In: HMD Praxis der Wirtschaftsinformatik, 36.Jahrgang, Heft 207, Heidelberg 1999.

Scholz-Reiter,B.;Jakobza,J.: Supply Chain Management – Überblick und Konzeption. In: HMD Praxis der Wirtschaftsinformatik, 36.Jahrgang, Heft 207, Heidelberg 1999,

Schumann, D.M.: Supply Chain Management. In: HMD Praxis der Wirtschaftsinformatik, 36.Jahrgang, Heft 207, Heidelberg 1999.

III: Dokumente aus dem Internet

ERBEE Wirtschaftsseminar & Beratungsgesellschaft mbH (BDU): Was ist SCM ?, http://www.erbee.de/Was_ist_SCM.htm, Abruf am 7.9.2000.

IPO GmbH Institut für Prozessoptimierung: Supply Chain Management, http://www.ipo.de/engl_version/m_beratung/scm2.htm, Abruf am 7.9.2000.

Siebert,G.: Was ist Supply Chain Management ?, http://www.benchmarkingforum.de/infodienste/download/Artikel%20Supply%20 Chain%20Management/spezial_artikel_supply_chain_Management.htm, Abruf am 7.9.2000.

Travnicek,M.: Neue Funktionen für Supply Chain Management-Lösung mit mySAP.com, http://www.sap-ag.de/austria/press/press55.htm, Abruf am 7.9.2000.